참
치
캔

위
에

눈
이

내
리
면

☾ P.S 기획시선 12

참
치
캔
위
에
눈
이
내
리
면

이서은

> 시인의 말

여행을 떠났지만
돌아온 것은 풍경이 아니라 내 마음이었습니다.

걸음을 따라 감정이 움직이고
감정을 따라서 오래 들여다보지 못한 내 안쪽이 흔들렸습니다.

이 시집은 그 조용한 진동들의 기록입니다.

머무른 자리와 그곳의 따뜻한 밥 덕분에
원고를 끝까지 다듬을 수 있었습니다.
고요 속에서 마음이 자랐습니다.

2025 초가을, 토지문화관 창작실에서

이서은

시인의 말 5

제1부

창밖은 더 이상 낭만이 아니다 12 / 하얀 여름 14 / 말하지 않은 사이 15 / 잃어버린 입술 16 / 당신의 안목은 어디쯤인지 18 / 두 번째 첫날 19 / 발밑의 나라 20 / 빈 의자 하나 21 / 손끝이 지나간 자리 22 / 숟가락을 드는 일에 대하여 24 / 무아경 26 / 숨죽인 방 27 / 빈칸으로 남는 사람 28 / 닭 다리 경제학 30 / 시계추 32 / 고요한 삐걱거림 34 / 꽃잎보다 먼저 오는 것들 35 / 밤을 마시는 법 36 / 입김의 증언 38 / 묵묵부답 40

/ 차례 /

제2부

밥 위에 바다 42 / 빛과 실 43 / 내가 사라질 틈 44 / 세상은 언제나 나보다 빠르다 45 / 돌의 선언 46 / 한 잔의 혁명 48 / 참치캔 위에 눈이 내리면 50 / 도서관의 유언 52 / 자유를 입는다 54 / 벚꽃 장례식 56 / 열리는 문 앞에서 57 / 길을 물을 수 없던 날 58 / 벚꽃입니다만 60 / 낯선 방향의 나란함 63 / 탄핵의 밤 66 / 질투는 나의 힘 68 / 독방의 첫 인터뷰 70 / 용추폭포 72 / 매남동 73 / 경포호수 74

제3부

우리 의림지나 갈까? 76 / 아무도 읽지 않는 계절 77 / 16번 버스 78 / 어느 봄날의 생일 파티 79 / 겨울 패딩이 지겨울 때 개나리는 핀다 80 / 구직 신청서에 쓴 시 82 / 구룡사 은행나무 83 / 손 없는 날 84 / 민긍호 의병장 묘역에서 85 / 놀이터가 가르쳐 준 것들 86 / 모전자전 87 / x에서 z까지 88 / 낯선 안부 90 / 이토록 친밀한 피의자 91 / 어느 겨울날의 퇴고 92 / 치약 연구 93 / 폭설 후유증 94 / 운수 좋은 날 96 / 배롱나무 97 / 토끼는 더 이상 마트에 가지 않는다 98

제4부

흔들리는 지문 속에서 네 샴푸 향이 느껴진 거야 100 / 버찌, 벗지 101 / 문과 곰은 동족이다 102 / 시인 남편으로 살아가는 법 103 / 출구 없는 출구 104 / 긍정의 디저트 106 / 16년 만의 외출 107 / 휴대전화는 알고 있었다 108 / 모두가 샴페인을 터트릴 거라는 착각 속에 살고 있다 110 / 진료실 3 111 / 까막바위 매표소 112 / 개근 거지 113 / 사랑한다면 청평사로 가야 한다 114 / 그해 봄, 호미곶에서 115 / 등으로 여름을 수확하는 법 116 / 수상한 산후조리 117 / 없는 깃과 함께 118 / 질문 둘 사이 120 / 우리가 되는 시간 122 / 시인 자격증 124

창밖은 더 이상 낭만이 아니다

고기능 선풍기와 에어컨이 있어야
여름을 버틸 수 있는 줄 알았다
바람이 아니라
나무 그늘이 시원한 줄
땀이 등에 닿을 때 알았다

비 오는 날엔 창밖을 보는 게 낭만인 줄 알았다
양동이처럼 쏟아지는 날엔
신발보다 마음이 먼저 젖었다
비는 이제 풍경이 아니라 경보다

맑은 하늘은 당연한 줄 알았다
아이들은 구름 모양을
이름 대신 그림으로 배웠다

햇볕은 따뜻함이 아니라
경고였다
걸음보다 빨리 타들어 가는 건
내 안의 기운이었다

이상기후는 뉴스 속 말인 줄 알았다
몸이 먼저 알아차리고 나서야
계절이 무너진 걸 알았다

덜어낸 것이 아니라
그저
하루를 견디기 위해
덜 움직이고
덜 소비하고
덜 말하게 되었다

기후가 바꾼 건
날씨만이 아니었다

하얀 여름

작은 더위가
입술을 적시듯 찾아오면

할머니는 묵은 콩을 밤새 불리고
서늘한 새벽에 갈았다

국수는
숨을 죽이며 담겼고
그 위에 조심스레 부어진
콩물 한 사발

짠맛도
단맛도 없이
그저 고소하게만 번지던 오후

젓가락질 한 번에도
여름은
소리 없이 미끄러졌고
우리는
말없이
하얀 여름을 다 먹었다

말하지 않은 사이

나는 점점
조용한 사람이 되었다

시를 쓴다는 말,
책을 낸다는 말
굳이 하지 않았다

말해도 닿지 않을 거리라는 걸
이젠 알기에

어떤 관계는
모를 때 더 오래 머문다
말이 건너가면
마음이 멀어질 수도 있다

나는 모이지 않아도
흩어졌다는 느낌은 들지 않았다
나를 아는 방 하나
조용히
환하게 켜져 있었으므로

잃어버린 입술

요즘 사람들은
맛있다고 말하지 않는다
'맛있는 것 같아'라고 한다
입이 먼저 반응하기보다
머리가 계산을 끝낸 뒤에야
혀가 움직인다

어릴 땐 뜨거운 국물 한 숟갈에
와, 하고 감탄이 먼저 튀어나왔는데
지금은 뭔가를 먹고 나서도
한 박자 쉬고
카메라를 먼저 들이민다
그리고 말한다
'음 맛있는 것 같아'

확신이 사라진 입
감탄보다 판단이 먼저인 혀
맛을 묻기 전에
상대의 눈치를 본다
입안에 남은 건 기쁨보다
약간의 의심이다

우리는 언제부턴가
맛보다 평판을 삼키기 시작했고
한 그릇의 온기를 말 대신
'괜찮은 것 같아'
'먹을 만한 것 같아'
문장으로 식히게 되었다

뜨거운 맛 앞에서
차가운 말들이 흐르고
진짜 맛있다는 감탄 하나
건너가기 어려운 시대를 산다

당신의 안목은 어디쯤인지

빛이 물 위에 길게 눕고
커피잔 너머로
김이 조용히 피어오르던 저녁

당신은 노을을 오래 바라보았고
그 옆에서 나는
당신을 한 번도 마주 보지 않았다

말하지 않아도 좋았다
우리는 서로 다른 방향으로
같은 빛을 보고 있었으니까

바다는 모든 걸 받아들이는 얼굴이었고
노을은
조금 늦게 배달된 마음 같았다

나는 아직도 그 물결을 따라 걷는다

두 번째 첫날

어디선가 이름 모를 새가 운다
이른 햇살이 커튼 틈을 넘고
나는 그 빛의 속도로
조용히 눈을 뜬다

알람도 계획도 없이
하루가 시작되는 방
베개에 남은 내 숨결 위로
여름의 기적이
가만히 내려앉는다

창문을 연다
빛과 바람이 먼저 들어와
오늘이란 문장을 완성한다

발밑의 나라

모두가 하늘을 찍을 때
나는 발밑을 찍는다
매일 지나던 골목이
어느 날은 낯선 나라 같다

유럽은 못 가봤지만
공원 벤치에 앉아 있으면
듣지 못할 말들이
머릿속을 떠다닌다

누군가는 열두 시간을 날아갔다 돌아와
역시 집이 최고라며 웃고
나는 집 앞 산책로를 한 바퀴 돌고
여기도 괜찮다고 중얼거린다

빈 의자 하나

창밖으론
뿌옇게 씻긴 산이 흐르고
누군가는
예정된 대사를 잊지 않고 말했다

한 자락 바람이
누군가의 말끝에 머물렀다
아무도 잡지 않은 채

돌아온 자리엔
종이컵만 바뀌어 있었고
긴 말들은
접힌 종이처럼 어딘가에 꽂혀 있었다

그날의 빈 의자 하나가
의외로 많은 것을 말하고 있었음을
아무도 끝내 말하지 않았다

손끝이 지나간 자리

장밋빛 6월이 나를 불러
하얀 종이 앞에 세웠다

나는 이름을 확인받고
조용히 접힌 칸 위에
손끝을 얹는다
잉크도 펜도 없이
한 생을 눌러 찍는다

작은 표식 하나로
누군가는 길을 만들고
누군가는 자리에서 내려온다

내가 만지지 못한 것들
정류장의 지붕,
낡은 병실의 침대,
무릎을 구부린 청년의 방세까지
잠시 내 손끝에 기대어 있다

아무 말도 하지 않았지만
나는 말했다

보이지 않는 것들이
가장 많은 것을 움직인다

그날
그 손끝이 지나간 자리에
세상이 조금 기울었다

숟가락을 드는 일에 대하여

김이 피어오르는 밥상 앞에서
조용히 숟가락을 드는 사람은
세상을 한 숟갈씩 받아들이는 사람이다
된장의 짠맛 속에서 들판의 바람을 떠올리고,
쌀알 사이에 스며든 햇살을 혀끝으로 헤아리는 사람
그는 지금 여기에 머물 줄 안다

사라지는 것을 두려워하지 않고
따뜻한 것을 기꺼이 입에 물며
빈 그릇 너머로 채워지는 마음을 안다
먹는다는 건, 살아 있다는 가장 단순하고 분명한 증거
조용히 씹고, 오래 음미하며
작은 기쁨에도 눈을 감을 줄 아는 사람
그는 결국 자신이 닿아야 할 곳에 다다른다

잘 먹었다는 말에 묻어나는 웃음 하나
그 웃음으로 하루를 정리하고
세상과 화해하는 사람

성공이란 어쩌면
무언가를 이루는 일이 아니라
밥 한 그릇 앞에서도
진심일 수 있는 사람이 되는 일이다

무아경*

아무 말도 하지 않았는데
모든 게 들렸다

생각은 저물고
몸도 조용히 따라 흘렀다

작은 숨결 하나
바람인지 나인지 모를 순간

눈을 감고 있었는데
눈부셨다

무아경에서
무아지경을

이름 붙일 수 없는 것들 앞에서
입술을 닫았다

---

* 원주시 행구동에 있는 카페

숨죽인 방

닫힌 문 너머
세상은 사라지고
깊은 회랑처럼 이어진 벽 사이
글자만 남는다

햇살은 좁은 창틈으로 스며
바닥에 긴 그림자를 드리우고
시간은 침묵 속에서 느리게 흐른다

손끝에서 글이 떨어질 때마다
종소리처럼 마음이 울리고
수도승처럼 앉아
내 안의 바다를 조용히 항해한다

봉쇄수도원의 작은 방처럼
오직 나와 언어만 존재한다

빈칸으로 남는 사람

한동안
사진을 찍지 않았다

잔은 비어 있었고
식탁 위에 이름 없는 날들이 흘러갔다

업로드하지 않은 날은
존재하지 않는 것처럼
피드 아래로 가라앉았고

누군가는
나를 잊은 듯했다

보여줄 게 없을 때
사람은 조용해진다
대신 마음은
천천히 제 표정을 되찾는다

아무도 묻지 않을 때
비로소 나는
나에게 말을 걸었다

닭 다리 경제학

닭 다리는 누가 뜯고
소는 누가 키우나
나는 오늘도
닭가슴살을 맡는다

껍질 바삭한 부위는
눈치 빠른 이 젓가락에
벌써 사라지고

소는 묵묵히
풀을 뜯고,
똥 치우고,
또 풀을 뜯는다

SNS엔 다들
닭 다리 들고 활짝 웃지만
내 앞 감자튀김은
식어만 간다

소처럼 일하고
치킨값은 나눠 내는데
닭 다리는 왜
늘 내 앞에 없을까

이상하지 않은가
모두 웃고 있지만
기름기 좔좔,
현실은 뻑뻑하다

시계추

인생은
권태와 고통을 오가는
추

기대는 자주 부서졌고
기쁨은 순간이었다
그 후엔
긴 습기와 견딤의 계절

무언가 이루면
텅 비었고
무언가 잃으면
말이 많아졌다

이름이 불린 날보다
불리지 않은 날이
더 나를 닮았고

가만히
흔들리며
시간을 버텼다

이쪽에서 저쪽으로
저쪽에서 이쪽으로
한 번도 멈춘 적 없는

내 안의
낡은 시계

고요한 삐걱거림

소크라테스와 마트 카트를 밀며 걷는다
바퀴 소리는 질문처럼 반복되고
어떤 삶이 좋은 삶인가
달걀과 우유 사이에서 묻는다

서늘한 조명이 등을 밀고
어느 쪽으로 굴러가야 할까
무지를 아는 것이 지혜라면
우린 아직 무엇을 모르는 걸까

집으로 가는 길
무거운 카트 뒤를
가벼운 생각들이
살짝 밟고 지나갔다

꽃잎보다 먼저 오는 것들

바닷가 바람에
조용히 피는 해당화처럼
너는 매일 아침
내 안에 스며든다

먼저 쓴맛부터 퍼진다
혀끝에서 마음 끝까지
밤의 흔적을 덜어내듯
조금씩 나를 비워낸다

해풍을 견딘 꽃잎,
불을 지난 원두
모두 제각기 말을 건넨다

고요한 시간에 피는 향기는
늘 어딘가 너를 기다린다

그래서 나는 오늘도
해당화 옆 벤치에 앉아
커피 한 모금에
이 계절을 삼킨다

밤을 마시는 법

어떤 커피는 위스키보다 치명적이야

입술이 닿기도 전에
향이 먼저 기억을 뒤흔들고
한 모금에
밤새 잠들지 못한 이유가 생겼지

썼다
달다
또 쓰다
그대가 했던 말들처럼
천천히 번지는 온기 속에
오늘도 무방비 상태가 되지

무릎 위에 놓인 찻잔은
비워지지 못한 고백 같고
텅 빈 거리엔
내가 다 마시지 못한 순간들이 흐른다

어떤 커피는
이별보다 오래 남고
위스키보다 치명적이야

네가 없는데도 취해

입김의 증언

x와 y가 마주칠 때
먼저 스친 건
물의 떨림이었다

엄마의 자궁은
어두운 수조 같았다
미세한 파장이 나를 키웠고
나는 숨 없이 자랐다

심장보다 먼저
물이 뛰었다

물웅덩이에 나를 비추며
젖은 바닥 위를 걸었다

무수히 흘리면서
몸 안의 작은 바다를
조금씩 증발시켰다

언젠가 내 입김이

누군가의 창에 맺히면

그게 나라는 걸 알아주길 바라면서

묵묵부답

식당 사장님이 물었다
냉이요
온이요

나는 온
그는 냉
한집에 살아도
묵 한 그릇 사이에
날씨가 달랐다

서로를 피하지 않고
다른 온도가
그릇 안에서 묵묵히 흘렀다

그날 이후
입안에 머문 온도들이
말보다 오래 남았다

밥 위에 바다

진미채 몇 가닥을
밥 위에 조심스레 올려두면
바다 한 자락
장터 끝 풍경이 따라온다

기름 냄새 스민 손끝은
고기 한 점 없는 김밥 속에
참았던 말들을 천천히 말아 넣는다

짠맛과 단맛 사이
고요한 입속에서
작은 생이 풀려났다

빛과 실
  -한강의 '빛과 실'을 읽고

'글을 쓴다'
프로필에
이 한 문장만 남기기까지
얼마나 많은 시간을
실처럼 짜고 또 짰을까

프로필이 길어질수록
오히려 믿음이 줄었다

말보다 침묵이
더 단단해 보일 때가 있다

묻고 싶다
그 실은 당신의 어느 상처에서 시작된 것인지
그 빛은 언젠가 꺼진 말 한마디였는지

내가 사라질 틈

렌즈 속 세상은 떨리고
그대의 목소리가
닿을 때마다 살짝 빛을 바꾼다

조금 더 보여야 할 마음 사이에서
숨겨지길 원할 때
나는 그대를 감추지 않는다

세상은 두드려지고
그대는 나를 통해
모든 것을 볼 때
나는 그대가 무엇을 찾는지
알 수 없는 신호를 보낸다

내가 아무리 덮어도
그대의 진짜를 보는 눈은
가끔은 나보다 더 선명하다

세상은 언제나 나보다 빠르다

기차가 지나간다
창밖에 남겨진 선로는
아무 말도 없다

방 안의 공기는 정지된 채
고요하게 나를 감싼다

기차는 지나가고
세상은 또 한 칸씩
다음 풍경으로 넘어간다

아직
이 아침을 다 씹지 못했는데
시계는 벌써 점심을 삼킨다

모두가 어디론가 가고
나만 여기에 머문다

그래서 가끔,
나는 나를 기다리기로 한다

돌의 선언

산 위에 박힌 무덤 하나,
뮤지엄산의 돌은 말이 없다
침묵이야말로 가장 날카로운 증언이다

그 어떤 타협도 허락하지 않은 표면이 되기까지
얼마나 많은 날이 깎여 나갔을까

꿈꾼다는 건
자신을 내려놓는 일이다

무덤은 덤덤하게 말을 건넨다
흔적이 아니라
증거로 남으라고
지워지지 않는 단면으로
시간을 거스르라고

돌처럼 나아갈 것이다

누구의 칼끝에도 밀리지 않을 결로
부서질지언정
절대 무르지 않겠다

한 잔의 혁명

처음엔
잠을 쫓기 위한
기도였다고 했다

어두운 언덕 아래
붉은 열매 하나가
뜨거운 물에 풀리며
사람의 생각이 깨어났다

그 잔을 들고
사람들은 말하기 시작했다
왕보다 먼저 일어난 자들이
탁자에 둘러앉아
세상을 설계했다

카페는 교실이 되었고
서점이 되었고
신문이 되었다
잔을 비우며
국가를 논하고
거리를 뒤흔들 이름들이
부드러운 향기 속에서 태어났다

커피는 늘 비명을 지르지 않는다
다만
한 모금씩
질서를 흔들고
기억을 데우고
세계사를 적신다

오늘 아침
입가에 머문 한 모금도
어쩌면
역사의 한 줄이었다

참치캔 위에 눈이 내리면

시냇물이 졸졸,
봄 노래를 부르고 있었어
잔잔한 햇살이
내 수염 끝을 간질이던 오후였지

잔디 위에 놓인 참치통조림을 바라봤지
열어달라는 말도 안 했는데
누군가 다정히 놓고 간 그것

이상하게도
그 위에
눈이 쌓여 있었어

봄인데
물은 흐르고 새들은 노래하는데
왜 그 눈은
아무 일 없다는 듯 내려앉았을까

참치 냄새를 따라온 발걸음도
멈추게 할 만큼
그 하얀 것들은 슬프게 예뻤어

나는 고양이라
계절이 왜 이러는진 몰라
하지만
그 눈을 보고 있자니
왠지 사람들 마음도
이런 모양 아닐까 싶었어

따뜻함을 원하면서도
차가운 걸 쌓아만 가는

도서관의 유언

조용히 문을 열고 들어온 너에게
매일 마음을 열 준비가 되어 있단다
내 책장은 너를 위한 창문,
지식과 꿈이 흐르는 강줄기지

너의 하루가 무겁고 고단할 때면
구석진 자리 하나 빌려줄게
조용한 숨결 속에서
책 한 권으로 너를 다독일게

나는 말이 없지만
너의 물음엔 언제나 답하려 애쓴단다
너는 머무는 손님이지만
나는 너를 오래 기억할 거야

오늘은 내 생일
하지만 선물은 내가 줄게
세상을 보는 새로운 눈
네 마음을 울릴 단어들

언제든지 찾아와 줘
나는 늘 그 자리에
너를 기다리며 책장을 펼치고 있을게

자유를 입는다

혼자 떠난 바다
말도 없이 걷고 있던 백사장에서
히잡을 쓴 여인들이
햇살을 통과하고 있다

나는 그저,
무심한 척 따라 걸었다
그녀들의 뒷모습이
어딘지 모르게
무너지지 않는 문장처럼 보였다

카페 안에서
사진을 찍는 손끝
커피 빵을 반으로 나누는 웃음
언어는 달랐지만,
그녀들의 하루에
조용히 발을 얹었다

나는 몰랐다
감춘다는 것이 꼭 억압은 아니라는 걸
노출이 곧 해방은 아니라는 걸
그녀들의 옷은
세상이 흔들 수 없는 선이었다

지금껏
자유를 입히고 있었고
그녀들은 자유를 입고 있었다

하루가 저물고
그녀들이 사라진 역 앞에서
비로소
내 시선을 돌아보았다

그날
그녀들을 따라 걷다가
편견을 벗고
나를 다시 쓰기 시작했다

벚꽃 장례식

비 오는 봄날 오후
회색 하늘 아래
우산 속 사람들이
속삭이듯 걷는다

나뭇가지 끝마다
흩날리던 분홍의 말들
젖은 땅 위에 누워
조용히 잠든다

작은 꽃잎 하나,
물웅덩이 위에 띄운 채
바람 따라 흐르며
마지막 인사를 건넨다

누구도 울지 않지만
모두가 잠시 멈추어
고개를 숙인다

그 짧고 찬란했던 봄의 끝에

열리는 문 앞에서

혼자 계단을 오르는 줄 알았다
누구의 발자국도 들리지 않는 오후
저 언덕 끝에서
숨을 고르고 나서야
그들이 남긴 따뜻한 숨결을 느낀다

운이 좋으면
엘리베이터를 만날지도 모른다
버튼 하나로 움직이는 기적
그 안엔 이미 누군가 타고 있을지도 모른다

문이 열릴 때를 기다린다

더 많은 기회가
함께 타기를 바라는 마음으로

천천히
희망은 올라간다

길을 물을 수 없던 날

묵호역에서 내리자
봄은 아직 먼 듯
꽃은 피었는데
내 안은 겨울이었다

혼자라는 건
길을 물어도 대답 없는 풍경 같아
그냥 걷다 보니
경찰서 앞 벤치에 앉게 되었다

지나가는 순경 하나
내게 묻지도 않고 고개를 끄덕였다
그게 다였다
그 정도의 인정이
그날의 위로였다

가방 속에는 남은 감정 몇 조각과
지나온 도시들의 냄새
버리지 못한 말들이 쿡쿡 찔렀다

자유란 어쩌면
쓸쓸함을 온전히 안는 것
누구도 찾지 않는 거리에서
내가 나를 찾아가는 것

묵호의 봄은
경찰서 벤치에도 피었다
노란 민들레 한 송이처럼
그 어떤 죄도 묻지 않는 방식으로

벚꽃입니다만

안녕하세요
벚꽃입니다
정확히 말하면
호수 옆 다섯 번째 나무
그 오른쪽 가지
거기 달린 제가 말하는 중입니다

오늘 아침
그대가 회사를 안 갔다고요?
잘하셨어요
당신 눈 밑 눈그늘,
어젯밤 부는 바람보다 더 어두웠거든요

사실요
우리는 봄마다 사람들 오길 기다려요
근데 다들 와서
셀카만 찍고 가요
인사도 없이

비비고
흔들고
그리고 꽃가루 알레르기 탓만 하죠
서운해요

그런데 당신
오늘 벤치에 털썩 앉아
한참을 말도 없이 바라보더라고요
그 순간
우리 전부
회의 중이었어요

"얘, 진짜 힘들어 보인다."
"누가 먼저 말 걸래?"
그래서 제가 나섰죠

그대여
일단 심호흡하시고
회사 생각은 쓰레기통에
오늘은 내 잎사귀 품에서
눈물 한 방울 떨어뜨려도 됩니다

그대, 놀란 눈으로 나를 봤죠?
맞아요
벚꽃이 말을 했어요

그러니, 부디
오늘 하루는
회사가 아닌 나를 바라봐 주세요
연차를 낸 당신
진짜 멋져요

낯선 방향의 나란함

열차가 출발하고
몇 분쯤 지났을까
군인의 어깨에서
햇빛이 천천히 흘러내렸다

우린 아무 말 없이
이어폰을 나눠 끼지 않은
두 주인공처럼 앉아 있었다

그는 손바닥을 펴서
햇살을 가리려다 멈췄다
조금 어설픈 그 동작에
피식 웃었다
아무 일 없던 것처럼 창밖을 봤지만
그는 내 웃음을 봤다

열차 안에 커피 냄새가
조금씩 퍼질 때
그가 말했다
"여기 커피, 맛없어요."
나는 열차 안 자판기로 향하려던
발걸음을 멈췄다

창밖 풍경이
서서히 파랗게 번지고
바다가 가까워질수록
그의 눈빛이 조금씩 느슨해졌다
나흘짜리 휴가가
점점 현실이 되는 얼굴이었다

우린 한참 말이 없었고
그동안 내가 기억한 건
그의 손끝이
무릎 위에서 잠깐
내 쪽으로 향했던 순간

도착 안내가 들렸고
그는 자리에서 천천히 일어났다

"즐거운 여행 되세요."
대사는 짧고
마지막 장면 같았다

열차 문이 열렸고
시야에서 그가 사라질 때까지
남겨진 온도는
창밖 푸른 빛 속에
잠시 머물렀다

탄핵의 밤

대한의 하늘에 별이 뜨네
별 중에 가장 빛나던 별 하나,
빛난다기보단 번쩍거렸지
눈이 부신 게 아니라 눈살이 찌푸려지는

"맨날 술이냐?" 했더니
"자유란 말이야" 하며 잔을 들고
국민은 물 마실 자유도 없는데
누군가는 얼음 가득 채운 위스키를
매일 밤 마시더라

"도어스테핑이요? 위험해서 안 해요"
입은 닫고 술잔은 비워지고
소통의 시대는 가고
불통의 술상이 차려졌네

경제는 어렵다며 허리띠 졸라매랬는데
법인카드는 시원하게 긁고
여기저기 해외 순방 가서는
"우리 부인 예쁘죠!"

도둑이 제 발 저리다고
탄핵이란 말만 나와도 얼굴 벌게져
"그런 말 하면 안 됩니다"
근데 이미 국민 표정이 말해주네

밤이 깊어간다
별은 떨어지고
이제 새로운 해가 떠오를 차례
잔을 내려놓고
정신을 차릴 때가 됐지

질투는 나의 힘*

잉크는 검고
밤도 검다
내 속의 그림자도 검다

단어를 엮어 별을 만들고
문장을 이어 길을 내지만
그들은 보지 않는다
빛나는 것은 언제나 타인의 것이었다

문장을 씹으며 고독을 다듬고
심장을 베어 단어를 새겨도
세상은 여전히 귀를 닫는다

저 새순 같은 글들이 박수받으며
무대 위를 오를 때,
주먹을 쥔다
손톱이 손바닥을 파고든다

---

* 기형도 시인 시 〈질투는 나의 힘〉 인용

잉크는 검고

밤도 검지만

내 안의 불길은 여전히 타오른다

독방의 첫 인터뷰

여긴 두 평이 채 안 되는 독방
가구는 변기 하나 식판 하나
오늘은 금빛 손톱이 들어왔다
수감번호 4398
이름은 안 불러도 다 알더라

"사진 좀 잘 나오는 쪽 있나요?"
벽돌이 대답 대신 먼지만 내뿜는다

한때는 명품이었을 가방 대신
녹슨 식판이 매일 드나든다
시계는 없지만
시간표는 아침-점심-저녁 그리고 재판이다

창문은 없다
하루 24시간 눈빛과 표정이 그대로 노출된다
화장은 그때보다 연해졌다

투표함도 방송국도 없다
그래도 뉴스는 들어온다
벽시계가 낮게 웃으며 속삭일 때마다
권력은 식판 하나만큼 줄어든다

벽은 오늘도 조금 더 단단히 세워진다
혹시라도 말들이 새어나갈까 봐

용추 폭포

얼마나 간절하면
벼랑 끝에서
뒤꿈치를 들까?
바닥으로만 쏟아지던 절망도
흰 웃음으로 피어나는 순간
이무기도 날았다

매남동

여름이면 낮엔 아이들이 멱을 감고
밤이면 어른들이 목욕하던 매지 천을 걷고 있다

횃불 들고 밤고기 뜨던 사람들은
어디쯤에서 별을 세고 있을까?

아무리 두드려도 북소리가 날 것 같지 않은
바보상자는 온 나라가 타들어 가고 있다는 소식만 전할 뿐이다

그날 밤
방귀 바위와 함께 사라진 도깨비라도 불러와
굿이라도 해야겠다

경포호수

고운 손편지처럼
벚꽃잎이 호수 위에 내린다

살랑이는 바람이
조심스레 봉투를 열면
연분홍 향기 가득한 봄날의 문장이
윤슬 따라 흐른다

햇살에 녹아든 이야기들
그리움도
기다림도
부드럽게 스며든 채
호수는 조용히 읽어 내려간다

이 순간
나는
당신에게 띄우는 편지가 되고
그대 내 마음에 내려앉은 꽃잎이 되어
아무 말 없이 서로를 안아 준다

3부

우리 의림지나 갈까?

토요일 아침 그녀가 샤워한다
지금 내가 취할 수 있는 자세는 둘 중 하나다
샤워기가 내뿜는 하품을 자장가 삼아 잠든 척을 하거나
내비게이션 가슴과 무릎 사이 적당한 곳을 더듬거리거나
이도 저도 마땅치 않은 날에는

우리
의림지나 갈까?

아무도 읽지 않는 계절

칼만 들지 않은 강도들이 넘쳐나는 세상에
펜을 쥔 손가락에 미안한 아침이다
밤이 새도록 먹을 갈아 편지를 써서
밤재에 사는 육발호랑이를 백두산으로
도망가게 만든 장군도 있다는데
파도 위에 쓴 나의 편지는
누구에게 닿을 수 있을까
읽지 못한 바다의 말들이 부서지고 있다

16번 버스

창밖으로
누군가 손을 흔든다

여우비처럼 지나가 버린
한 번의 눈 맞춤
흰 목련꽃 같던 다섯 손가락

봄이 덮쳤다

어느 봄날의 생일 파티

광장에 나갈 차비로 꽃을 샀다
눈망울이 사슴 같은 여배우는
꽃으로도 때리지 말라고 말했지
하지만 저들의 구두는 밑창까지
진달래 향이 배 있을지도 몰라
꿈속을 날아다니던 오리들은
불판 위에서 마지막 시위 중이다
어느 부위쯤 삼키니
3월이 갔다

겨울 패딩이 지겨울 때 개나리는 핀다

한날한시에 상이라도 당한 걸까?
마치 세상에 존재하는 색깔은 검은색밖에 없다는 듯
튀기지 않은 먹물이 거리를 활보하고 있다
서로가 오징어인 줄도 모르고
눈을 마주치지도 않고
게임은 이미 시작되었다

브랜드 로고는 무기고
가격표는 생존 확률
누가 더 따뜻한가가 아니라
누가 더 비싼가가 경쟁의 규칙이다
유행이라는 이름으로
눈치라는 무기로
옷을 입는 게 아니라 입혀진다

길거리는 블랙다운 군단의 행진이다
개성은 집에 두고 나왔고
자신감은 태그에 걸려 있었다
'튀지 마', '어울려야 해', '평범하게 살아남아'
그 말에 익숙해질수록
우리는 점점 더 똑같아졌다

그러다,
바닥에서 노란 것이 피어났다
먼지를 뚫고 올라온 개나리
값도 없고, 로고도 없고,
대신 '왜?'라는 질문을 던진다

"왜 다들 저렇게 입는 걸까"
"왜 튀면 안 되는 걸까"

개나리는 말이 없다
그저 제때 피어날 뿐이다
남들이 아직 추위에 움츠릴 때,
혼자 먼저 봄을 시작한다
살아남기 위해 검정이 된 사람들 틈에서
개나리는 핀다

구직 신청서에 쓴 시

일정한 직업을 찾아 여기까지 왔다
사회적 알람을 끈 지 오래되었지만
시곗바늘은 한 번도 멈춘 적이 없다
시 한 편 건지기 위해 잠 못 이룬 불면의
시간을 기록하기에 빈칸이 계단처럼 쌓여있다
고용센터가 4층인 것은 다행스러운 일이다
누군가 먼저 눌러 놓은 화살표를 타고
엘리베이터는 내리막길에 접어들었다
그리고 나는 구겨진 지문으로 시를 쓰고 있다

구룡사 은행나무

은행나무에 대해
얼마나 많은 사람이 시를 썼을까
그러니 또 어떤 수식어를 달라고 하겠는가
하루쯤
나무처럼 살고 싶어서
두 팔 벌려 안았다

손 없는 날

4층에 살던 곰 한 마리
발 도장 모두 찍었나 보다

해빙기가 오려면 열흘이나 지나야 하는데
어느 행성으로 가려고 분주할까

미뤄둔 신년 운세
북북 찢으며
안녕을 빌어본다

민긍호 의병장 묘역에서

수채화처럼 서 있는 사람들을
뒤로하고 걸었다
어쩌자고
길이 된 사람을 찾아
이곳까지 왔을까
죽은 자는 말이 없지만
어떤 죽음은 뽑다가 말아버린
잡초처럼 서 있다

놀이터가 가르쳐 준 것들

눈 위에 놀이터가 내린다

신이 모든 곳에 있을 수 없어서
놀이터를 만든 걸까?

한 사람이 가볍거나 무거우면
수평은 성립하기 어렵다는 시소의 배려라던가
숙제 같은 계단을 올라가면
손도 안 대고 문제를 푸는 미끄럼틀이
시시해지는데
그리 오랜 시간이 걸리지 않았다

언제쯤
아파트 이름 대신
서로의 이름을 기억하는 저녁이 올까?

모전자전

검은 배낭을 메고 누군가와 통화하는
중년 여성의 통화내용을 엿들었다

고된 하루를 마치고 집으로 귀가하지 않고
도서관으로 향하는 여자의 목소리는
당당하면서도 따뜻했다

'엄마 도서관 왔어'
'우리 최선을 다하자'
'사랑한다'

책 한 페이지 읽지 않으면서
내 자식만큼은 서울대 가길 바라는 세상에서
가장 아름다운 잔소리가 저녁을 물들이고 있다

x에서 z까지

국민학교로 입학해
초등학교를 졸업하는 동안
어머니의 머리에서 내가 발견한 건
새치만이 아니었다

젊음과 노련함 사이,
꽃 한 송이 피우기 위해 흔들려야 하는
방정식 같은 나날들이 지나갔다

나를 낳아준 사람들보다
내가 더 가난하다는 명찰을
가슴에 달고 살아야 했다

생수도 사 먹는 시대를 예언했던 사람들처럼
살지 않겠다고 다짐하면서도
끝이 보이지 않는 오래달리기 선수가 되고 말았다

불혹이라는 말로는 부족했을까?

포장지라도 그럴싸해 보이려고 시작한 이번 생은
두 번째 스무 살을
y라고 부르면 안 되나?

낯선 안부

카카오톡에 뜨는 생일 알람은
갑자기 안부를 전하기에 좋은 명분이지
아무런 기척도 없다가 1년에 한 번
느닷없이 연결되었다는 낯선 연대감을
만들기에 안성맞춤이지

12월이 마지막 플랫폼을 향해 달려가고 있을 때
약관 따위는 슬그머니 뒤로 밀어 두고
영악한 계산기도 숨겨 놓은 채
기차 꽁무니에 매달린 근황을 물고 오지

그런데 어쩌나
난 아직 널 만날 준비가 되지 않았는데

이토록 친밀한 피의자

마지막 버튼만은 누르지 말았어야 했다

아니 그보다
하루 벌어 하루 먹고 사는 서민을 상대로
백지 수표만은 날리지 말았어야 했다

'오죽했으면'

다섯 음절로 포장하기에는
너무 비겁하다

피해자만 넘쳐나는 겨울이
뜨거운 여의도를 건너가고 있다

어느 겨울날의 퇴고

컴퓨터보다 비싼 스마트폰으로
손금을 녹인다

똑똑하게 고쳐지고
바로 잡아야 살아남는 세상이다

얼어붙은 열 개의 지문을
아무리 노크해도

ㄷ으로 누워있는
저 노숙자의 몸을 펼 방법은 없다

치약 연구

입 냄새 제거에 바쁜 민트색이
언제부터
이혼 사유가 되었을까?

배를 누르나
꼬리를 밟으나
저녁은 온다

더 여유 있는 사람이
바닥을 밀어 올려보지만
귀찮음이 중앙으로 모일수록
배는 가라앉는다는 이론에 도착한다

어떤 고체는 삼키고
또 다른 고체는 뱉었다

잇몸에 중요한 건
어쩌면 칫솔이 아닐까

폭설 후유증

누가 북극곰의 눈물을 닦아 줄 수 있을까?

가을이
매달린 절벽에서 손을 떼기도 전에
폭탄이 터졌다
117년 만의 폭설이 내리던 날
사람들은 거북이로 환생했다

바퀴 달린 고철 덩어리는
순식간에 애물단지로 전락했다
불평불만은 입술 끝에 눈처럼 쌓이고
골목 입구에서 눈을 뭉치던 아이들은
그림자까지 귀해졌다

거실 한가운데 앉아 있는 티브이는
연신 대설 특보를 실시간으로 타전하는데

놀이터 한쪽 구석에 누군가 세워놓은
눈사람을 보다가
빙하 위를 힘없이 걸어가는
북극곰이 걱정되기 시작했다

운수 좋은 날

허구한 날 채찍을 맞아서
맷집이 단단하게 생긴 걸까?

씻긴 당근을 씹어 삼켜줄 것처럼
구인 광고를 낼 때는 언제고
인제 와서 나이 탓,
사는 동네 탓,
태어난 계절까지 따지고 있다

후시딘 바를 겨를도 없이
당근을 찾아 나섰다

길들지 않은 토끼는 처음이라나?

깡충거리지 말고 가만히 앉아서 자리만 지켜 달라고
포크를 던진다

송충이도 가끔 고기가 먹고 싶다

배롱나무

저라고
욕심 없었겠어요?

아직은 이른 봄,
매화, 벚꽃 앞다투어
오죽헌 마당을 수놓을 때

사임당과의 인연도
숙명이라 생각했어요

그녀는 늘 다정하게 알려주었지요

홀로 피어나지 말고
다붓하게
날개를 펴는 원앙처럼
시월의 운명이 되어 백일 밤낮 꽃불을 밝히라고

토끼는 더 이상 마트에 가지 않는다

무엇을 먹을까
무엇을 입을까
걱정하지 말라고 한다
거북이 정도는 늘 이겨왔다는 자만심도 통하지 않았다
달리기에 지친 사람들이
암호를 외치기 시작했다
채찍이 없어도 팔려나가는 건 시간문제다
고기만 먹던 일상에
아무도 먹어보지 못한 신선한 채소들을
밤낮으로 먹여주었다
운 좋으면 유기농 당근을 맛볼 수 있다
간혹 덜 익은 당근으로 여우를 꾀려는
순진한 늑대를 만나기도 한다
저기요,
혹시……
당근이세요?

4부

흔들리는 지문 속에서 네 샴푸 향이 느껴진 거야

한 올 한 올 쓸어 올린다
열 개의 지문이
순한 목덜미를 지나가고 있다
사랑에 속고 소맥이라도 마신 걸까
밤새 베개 속을 배회했을 취기가 여전하다
세상이 그대를 속일지라도
머리카락은 속일 수 없었다
생선 배만 가르다 미뤄둔 숙제 하듯
미용실 의자에 걸터앉아 졸고 있는 중년 여성
정수리에서 뉴욕 핫도그 냄새가 날 거 같은
토익시험에 지친 취업 준비생까지,
샤워기에 적당히 불린 지문은
또 누군가의 하루를 습득하고 있다

버찌, 벗지

철 지난 정장을 고상하게 차려입은 할아버지가 벚나무 아래서 분주하다

때마침 지나가던 손녀뻘인 나와 눈이 마주치자
조금 전 버찌를 주워 담기 바쁘던 손목에 새삼스럽게 양심을 채운다

평생 나무에 물 한 모금이라도 줘봤을까?
스스로 꽃 한번 피워보았을까?
무슨 명분으로 맡겨 놓은 짐 찾듯이
이제 걸음마를 배우는 흰 발목을
뚝, 뚝, 부러뜨리는 걸까?

다음 봄을 기다리는
벚나무에 옷 한 벌 해줘야겠다

저 늙은이가 벗어 놓고 간
염치 한 조각으로

문과 곰은 동족이다

내가 사는 건물 위층에 곰 한 마리 산다
이사 오던 날 쓰레기 분리수거 요일을 물어보더니 영역표시에는 굼뜨다

온순한 편이나 아래층 암컷이 샤워하거나
우아한 클래식이 나오는 저녁 라디오 소리에는 남다른 발소리로 응답한다

뒤집으면 문이 되는 곰이라니,
오늘 밤에는
쫓아 올라가 거꾸로 매달아 놓고 와야겠다

시인 남편으로 살아가는 법

가게 경제에 보탬이
되어줄 거라는 기대는 내려놓는 게 좋다

황금 같은 주말 저녁을 압수당하기 일쑤다
혼자 먹는 라면과 소주 한잔의 자유를 누릴 줄 알아야 한다
계획에도 없던 장거리 운전은 필수 아이템이 된 지 오래다

언제 다가올지 모르는 기쁨과
타인의 경조사를 등가 교환하려는
엑셀 파일은 하루빨리 지우는 게 좋다

삶과 글이 일치하는 인생이 있다고 믿는 바보 앞에서
더 바보가 되어야 한다

출구 없는 출구

그 흔한 지하철역 하나 없답니다

알파벳만 대면 다 아는
대형할인점도 20분은 걸어야 배추 한 포기 살 수 있는 곳이
죠
맞아요,
사람이 살만한 매력은 찾아보기 어려운 곳입니다

연락이 뜸해진 그녀가 몇 년 만에
수화기 너머 묻더군요
그래서
몇 번 출구냐고

숫자에 미친 사람들에게 약도를 전송했어요

새들이 깃털을 털며
아침을 깨워주는 곳으로
주말이면
공원에서 뜻하지 않은 연희가 펼쳐지는 곳으로
아직은 희망이 있다고 노래하는
아이들 웃음소리가 가을을 찍어 내는 곳으로
모과가 익어가는 소리를 들을 수 있는 곳으로
어서 와보라고요

긍정의 디저트

시집 한 권에 만이천 원이면
너무 박하다 싶다가도*
아메리카에서 건너온
검정 물과 티라미수 케이크가 한 접시인데
금방 기분이 달곰해지네

잠들지 못한 수많은 밤과
서랍에 넣어둔 질투를 생각하면
너무하다 싶다가도
누가 나한테 만 원권 지폐를
손에 쥐여줄까 생각하면
쥐구멍을 찾게 되네

---

* 함민복 시인의 시 〈긍정의 밥〉 인용

16년 만의 외출

그날 밤 나를 벽에 가두면서
무슨 생각 했나요?

남 주기에는 아깝고
가지려니 분수에 넘치던가요

밥이 넘어가고
잠이 오던가요

가난하다고 사랑을 모르겠냐며
노래한 시인이 지하에서 웃을 일입니다

벽 속에도 벽이 있다는 거
꿈에도 몰랐답니다

똑, 똑,
다시 또 아침인가 봐요

당신이 부러뜨린 하이힐이
정강이를 건너오고 있네요

휴대전화는 알고 있었다

톡, 톡
나를 깨워 열 개의 지문으로
가시 돋친 언어들에 맞대응하지 않은
잠들지 못한 수많은 밤을

물어본 적 없는
누군가의 신음에도 끝까지 귀 기울여 준
당신의 순한 달팽이관을

나는 알고 있다

비록 만나본 적 없지만
당신이 태어난 날처럼 축하해 준
누군가의 수많은 기념일을

휴대전화는 알고 있었다

그럼에도
따뜻한 모음과 자음의 조화를 고민하는
당신의 선한 의도를

모두가 샴페인을 터트릴 거라는 착각 속에 살고 있다

주식투자에 실패한 친구의 날개뼈 정도는 두드려 줄 수 있다
휴일 아침 단잠을 깨우는 온갖 종류의 초대장마다
바로 답장하지 못하는 열 개의 지문을 생각한다
오죽하면 먼 친척도 아닌
사촌이 땅을 사면 배가 아프다고 했을까
설사를 유발하다
소문으로 전락해버린 비평가를 알고 있다
하늘 아래 똑같은 지문이 없다는 건 신의 한 수다

진료실 3

스스로 왜 여기까지 오신 거 같아요

'모든 순간에 진심을 남발해서요'

잘 알고 계시네요

오늘은 이만
집으로 돌아가셔도 됩니다

까막바위 매표소

유전무죄 무전유죄 암호가 통하지 않는 곳에 줄을 섰다
머리 검은 짐승이 새끼를 낳아도
죄가 되지 않는 곳이라고 했다
이곳에서는 파도 소리마저도 고해성사로 들렸다
세상의 모든 죄가 녹아내리는 저녁이면
천국행 열차를 기다리는 사람들은
자기 죄보다 큰 까만 돌 앞으로 모여들었다

개근 거지

개처럼 벌어
정승같이 쓰라고 한다
짖어대는 능력은 없고
쓸모를 증명이라도 하듯
아침이면 기를 쓰고 줄을 선다

빚을 내서라도
출석부에 빗금을 치며
해외여행을 다녀와야 박수받는 세상이다

노력을 게을리하지 않아야
상을 휩쓰는 세상에서
성실은 죄가 되어버렸다

근면을 냉지로 끌어안고
현관문을 나서는
여리고 순한 이들에게
오늘은 어떤 말을 해줘야 할까

사랑한다면 청평사로 가야 한다

그대를 볼 수 있다면
어디든 못 가겠어요
나이 직업 학벌
손가락질해도 아주 상관없어요
그대의 화신化身이 될 수 있다면
영지 연못 달빛 그림자를 끌어안고
마지막 춤을 출 거예요

그해 봄, 호미곶에서

이제 와서 너를 본다
가득 쥔 손 펼치고
바람처럼 비상할 거야
파도도 갈매기도 쉬어 가는
새싹이 돋아날 거야

등으로 여름을 수확하는 법

원주천 건너편 다섯 평 남짓한 텃밭에서
할머니는 자신의 그림자가 폴더폰이 되었는지도 모르고 분주하다
이쪽 고랑은 큰애 집으로 보낼 과일
저쪽 고랑은 서울 사는 막내 손주가 좋아하는 옥수수
이른 봄부터 새벽 발걸음 소리 듣고 자랐을 농작물이
장맛비에 떠내려갈까
굽은 등으로 입추가 가까워져 오도록 아직도 발신 중이다

수상한 산후조리

아침 8시 30분
출입문 앞에 자발적으로 줄을 선다

번거로운 출생 신고와
애 낳으면 1억 준다는 현수막은 돌돌 말아버리고
책과 책 사이에 재빠르게 누워야 한다

성별도
출생지도
평생 살아야 하는 네모난 콘크리트 브랜드쯤은 몰라도 된다

한량처럼 온종일 앉아 있어도
꽃바구니 보내는 사람도 없다

그저,
아직 한 번도 읽히지 않은
또 하나의 문장을 품고
나만의 정원을 기다린다

없는 것과 함께

시간은
한 점 먼지처럼
쌓였다

누가 묻지 않아도
가끔
내가 나에게 물었다

없는 것과 함께
사는 법을 배웠다

꽃은
지워지지 않는
그림자처럼 피었고

가끔은
텅 빈 방이
더 많은 이야기를 품었다

우리는
누구의 부모도 아니면서
서로의 안쪽이 되었다

이름 지어 부르지 못한 것들 사이에서
사랑은
조용히 자랐다

질문들 사이

말이 칼이 되는 건
질문이 친절할 때다

"왜 없어?
"안 생겨?
"노력은 해봤어?"

그 말들은
꽃이 아니라
잎맥마다 독을 품은 풀처럼
문턱마다 피어났다

낳지 않았다
기르지 않았다
그 대신
말을 키우고
고요를 길렀다

내 안에 무수한 밤이
세상의 잣대를 부러뜨렸다
없는 것으로도
충분히
존재할 수 있다는 것을

아이 없이 10년
그건
불완전이 아니라
또 하나의
완성이다

우리가 되는 시간

말하지 않아도
사람들은 물었다

"아이 없으세요?
아니, 없다고
있던 것처럼 말할 수도 없었다

봄마다 무럭무럭 자라나는 건
베란다 화분뿐
가끔은 그 잎새가
손처럼 느껴졌다

여름이면
부부 여행을 갔고
아이 울음 대신
바닷소리를 들었다

가을엔 누군가의 돌잔치 초대장을
읽지 않고 넘겼고
겨울엔
서로의 손을 더 오래 잡았다

없는 것으로 채운 시간,
있음보다 깊어지는
없는 것의 온도

아이 없이 10년
우리는 우리만의 가족이었다

시인 자격증

1차 필기
마음이 젖는 속도를 적어라
한 줄로 세상을 울릴 수 있는가

2차 실기
지우고 또 지운 문장을
다시 사랑할 수 있는가
계절의 틈에서 숨소리를 들을 줄 아는가

면접
가장 아팠던 날 쓴 시를 꺼내세요
읽지 말고 그냥
가만히 손에 쥐고만 있어 보세요

합격 여부는
심사위원의 마음이 아니라
당신의 눈동자에서 결정됩니다

자격증을 받은 날엔
먼저 나를 품에 안아주세요
당신은 이미 오래전부터
시인이었으니까요

참치캔 위에 눈이 내리면

펴낸날 2025년 10월 30일

지은이 이서은
펴낸이 주계수 | **편집책임** 이슬기 | **꾸민이** 전은정

펴낸곳 밥북 | **출판등록** 제 2014-000085 호
주소 서울특별시 마포구 양화로 156 LG팰리스빌딩 917호
전화 02-6925-0370 | **팩스** 02-6925-0380
홈페이지 www.bobbook.co.kr | **이메일** bobbook@hanmail.net

© 이서은, 2025.
ISBN 979-11-7223-101-9 (03810)

※ 이 책은 저작권법에 따라 보호받는 저작물이므로 무단전재와 복제를 금합니다.
※ 이 책은 원주문화재단의 2025년 전문예술지원사업으로 발간되었습니다.